林音词韵

任生林 著

山西出版传媒集团 北岳文艺出版社
BEIYUE LITERATURE & ART PUBLISHING HOUSE
·太原·

图书在版编目(CIP)数据

林音词韵 / 任生林著. —太原：北岳文艺出版社，2020.12
ISBN 978-7-5378-6326-1

Ⅰ. ①林… Ⅱ. ①任… Ⅲ. ①诗词－作品集－中国－当代 Ⅳ. ①I227

中国版本图书馆CIP数据核字（2020）第224314号

林音词韵

任生林 著

//

责任编辑
王朝军

助理编辑
高海霞

书籍设计
张永文

印装监制
郭 勇

出版发行:山西出版传媒集团·北岳文艺出版社
地址:山西省太原市并州南路57号
邮编:030012
电话:0351-5628696(发行部) 0351-5628688(总编室)
传真:0351-5628680
印刷装订:山西人民印刷有限责任公司

开本:710mm×1000mm 1/32
字数:181千字 印张:9.875
版次:2020年12月第1版
印次:2020年12月山西第1次印刷
书号:ISBN 978-7-5378-6326-1
定价:58.00元

任生林，山西省高级人民法院高级法官，全国审判业务专家，中央政法委、教育部双千计划入库专家。历任省法院研究室副主任、民四庭副庭长、行政庭庭长。北京大学法学学士、中国政法大学法律硕士。山西大学、山西财经大学兼职教授、硕士生导师，太原科技大学校外导师。山西省法学会民法学研究会、山西省经济法研究会常务理事等。出版《矿业权理论与审判实务研究》《林音踪迹》著作，在《人民司法》《人民法院报》《山西审判》等报刊发表多篇学术论文和文章。主持的课题多次获省部级一等奖。

山西省作家协会会员，在《山西日报》《山西市场导报》《山西法制报》等报刊发表大量诗词、散文和随笔。

序

任生林毕业于北京大学法律系，被分配到山西高级法院。他长期在法院研究室和审判庭工作，在法学上有较深的造诣，熟练审判业务，工作一向勤奋。我在法院任职多年，对生林应该说是非常了解的，但他在诗词文学方面的爱好和兴趣，以前还是被繁忙的工作事务所掩盖了。他在研究室工作时，参与了许多工作报告的撰写，具有很好的文笔修养，我对他的诗词写作却是现在才有所了解。看到他的诗词集，已有了三百多首硕果，不禁令人由衷地欣赞。

一般人以为，法学是纯理性的学科，很严谨，甚至刻板，似乎与诗词文学格格不入，其实这是一种误解。文学是人学，从某种意义上说，法学也是人学。如果说文学所涉及的领域是有血有肉、有喜有悲的人的生活，那么，法学所涉及的领域便是人的更深刻的一个生活层次。文学所关注的主要是人的个性，而法学所关注的主要是人的社会性，个性与社会性是永远不可分离的。所以，法学与文学便有着千丝万缕的密不可分的联系，文学家深谙法理才能写出真正深刻而感人的文学作品，法学家具有文学修养才能在法律事业上达到出色的成就。譬如我一向景仰的抗日战争年代牺牲的法官郁华先生，他毕业于日本法政大学，归国后历任大理院推事、最高法院东北分庭庭长，日占东北后赴上海任江苏高等法院刑庭庭长，坚持正义，严惩日特汉奸，遭敌暗杀。郁华极具文学修养，留有遗作《郁曼陀诗钞》。又如我们山西籍的法学家王用宾先生，曾任南京国民政府司法行政部部长，他在抗战期间写下了许多慷慨激昂的诗篇，被称为是一位陆游式的爱国诗人。我正是从这样一个观点出发，感到生林的诗词写作十分难能可贵。

生林的这本诗词集，篇幅最多是“行吟篇”，是他历年来写下的旅游诗词。看来他游历大山大川，寻访名胜古迹，“行万里路”而超逾甚远。其中有我去过的地方，看到他写的那些景致便自然有一种亲切感。如海南，我在那里工作过几年，熟知那里的山水草木和风土人情。生林写了五首《临江仙》，将李德裕等五公一一作了歌颂。“抗金御侮遭排挤，几度宦海沉浮。”“一贬再贬到琼州，颠簸遥远路途。”这是写宋朝名相李纲，除了琼山《五公祠》有纪念，海南万宁的东山岭上还立有李纲塑像。“一丘孤冢留琼岛，人间备尝辛酸。”“竭能理政事，鼎力促中兴。”这是写宋代另一位中兴名臣赵鼎，赵鼎葬于海南昌江的山中，他的事迹至今说起来都令人感动。

《行吟篇》中还有《关中行吟》《汉中访古》《塞外情思》《青海诗吟》《西疆寄情》《蜀山蜀水》《多彩滇西》《八闽山水》《赣北流连》等。有不少地方对我来说还很陌生，读了这些篇什，便不免有新异的感受，予以打开新的视野，增添新的知识。如《诉衷情·水洞沟》："大峡谷，红山湖，沙枣湾。长城眺望，一边沙漠，一边江南。"词中描写出了一幅美好如画的景致，而宁夏的这个水洞沟还是国内最早发掘的旧石器文化遗址，"远古祖先栖息地，万年今犹在。"这真是一个非常值得游览的去处。又如，写刚察小城："高原小城刚察县，干净整洁强光线。油菜花开湟鱼贵，客舍花舍共相勉。"写尧坝古镇："五彩油纸伞，清香邓黄粑。大鸿米店麻竹笋，香茗古仙茶。"写西江千户苗寨："栉比鳞次叠层峦，吊脚楼外阶息凉。风雨桥里遮风雨，清凉河畔洗衣裳。"写会同古村："青砖灰瓦，三街连八巷。碉楼高耸远眺望，坚固无敌雄壮。"刚察在青海省的海北，尧坝在四川省的合江，会同古村在广东省珠海，西江千户苗寨在黔东南侗族自治州的雷山，这些作品既是咏物纪事，又融入自身亲历的感受，看了对于种种风情的描述，辽远的城镇颇令人神往。

这本诗词集中除《行吟篇》之外，还有：《人生篇》抒写自己生活和事业中的感怀；《扶贫篇》记述下乡扶贫工作的体味；《抗疫篇》歌赞抗击新冠肺炎斗争的事迹；《友情篇》表达与师长学友结下的深情厚谊；《怀念篇》《怀古篇》表现了对于古今贤达名人的追怀之情。这些诗篇都是发自内心的真情实感，从中可以看到作者的情操、志趣和人生追求，不乏有喜怒哀乐宣泄于字里行间。如《诉衷情·与大仁庄小学师生座谈》："恒山深处有书堂，晨暮诵朗朗。清贫耕读相伴，文化更流长。/天真眼，稚嫩腔，朴素装。当年身影，苦读寒窗，亲切难忘。"这首诗上阕写在小学校座谈时看到的情景，下阕由眼前那些稚童，而联想到自己当年寒窗苦读的往事，深情的感怀便很自然地流露出来，情景交融，意蕴畅达，是一首较好的词作。

生林作为一个平生钻研法律的学子，他的法治情怀和抱负也写进了诗词中。如《画堂春·读史感怀》写道："甲子干支轮替，人间治理难题。民主法治乃真谛，贵在坚持。"我们知道，走向法治的道路是漫长而艰巨的，即使遇到一时的坎坷，我们决不能丧失信念，而要以坚定的意志奋斗不已。生林诗中写道："庭前独角兽，秉公志不丧。""砥励前行，人生道宽广。""少点虚荣多恬淡，且容万物如川。荣辱进退仍转圜。生活不宁静，人生难达观。""献身法治心一片。白首终无悔，青春可鉴天。"这些铿锵有力的句子，表现了对于法治社会未来的向往，充满了昂然向上的斗志，也是对自己坚持不懈、遇挫不馁、奋力前行的激励。

生林从学生时代就爱好诗歌文学，近年来更加强了古典诗词的学习。诗词是中国传统文化的精粹部分，世代相传而备受人们喜爱。然而到了今天，由于时代变迁和语境变化，特别是传统文化教育一度荒废而造成的断层状态，以至当代人学写旧体诗已相当困难。写好诗词，既要有思想境界，又要有艺术境界，除了人生阅历，还应有丰富的阅读积累，需要熟稔语音和格律，需要有炼字炼句的语言文字功夫。生林的刻苦学习的精神殊为可嘉，虽然现在这本集子中的作品还有差距和不足，相信他“千百度的上下求索”，一定会有较快的进步，相信他的诗词作品会越写越好，像他自己预期的那样“会发现进入新的境界”。

寓真

寓真，本名李玉臻，1942年生，山西省武乡县人。曾任山西省高级人民法院院长、山西省人大常委会副主任，二级大法官。现为中国作家协会会员，山西诗词学会顾问。著有《寓真绝句二百首》《寓真律诗小集》《寓真新诗·寓真词选》《六十年史诗笔记》《体味写诗》等。

我与诗词的缘（自序）

诗词是陪伴我一生的情人，离不了的精神寄托。与人交谈时，不经意间说一句诗词活跃气氛；兴高采烈时，忍不住随口吟诵诗词表达情怀；心绪不佳时，诗词排解郁结；悲痛欲绝时，更得靠诗词鼓励自己坚强活下去。

记得上初中时，老师便要求把课本里的经典诗句摘抄到笔记本上，反复背诵。自己作文时偶尔添加几句诗词，顿时笔下生辉，洋洋自得。升入高中后，课本里那些优美隽永的诗句，常常让人着迷，产生无限遐想。李白、苏东坡、辛弃疾的诗词令我热血沸腾、激情澎湃；杜甫、白居易、李绅的诗词使人思绪万千、夜不能寐；而陶渊明、王维的诗则让我心向神往。不仅反复吟诵，而且希望像他们一样成为有情怀有抱负的人，写下不朽的诗句。由于考学的压力，只好将爱好默默地埋在心里。

上了大学后，有了闲暇时间，在藏书丰富的北大图书馆，借阅《唐诗三百首》《宋词三百首》等册子，如饥似渴地汲取养分，王之涣、王勃、李贺的豁达人生，王昌龄、岑参的边塞情怀，王维、孟浩然、柳宗元的山水田园寄托，苏东坡、辛弃疾从骨子里透露出的博大胸襟，在心里烙下深深的印迹。为了能模仿写几句诗，又阅读李渔的《笠翁对韵》，成天背诵："天对地，雨对风。大陆对长空。山花对海树，赤日对苍穹……"，补上儿时落下的功课。然后倚声押韵写了几首诗词，登在班刊系刊上，聊以自慰。

参加工作后，由于从事文字材料工作，幸遇有同样爱好的山西高院李玉臻院长。下乡出差的车子里，他总是放几本诗词书和一本《新华词典》，路上并不说话，在后排座位上念念叨叨地作诗，我在前排饶有兴趣地听着，时不时交流几句。工作之余，浏览名胜古迹，查阅资料，了解背景知识和人物逸事。和他出差并不寂寞，与古人神交，和今人对谈，学到了许多知识。他出了诗集后，我仔细咀嚼，耐心琢磨文章的意境，仿佛也觉察出隐藏在文字间的风风雨雨。就这样，逐渐培养起对文史知识的爱好。无论在本地还是出差在外，我遇到感兴趣的文史书籍，会毫不犹豫地购买，细心阅读，用心揣摩，增加功力。

前些年，闲暇时间较多，游览名胜古迹后写了几许诗词，蒙韩锡璋总编不弃，在《山西市场导报》刊登，受到朋友们的称赞，于是鼓起作诗填词的勇气。业余时间经常和韩锡璋、赵亚体、郭相宏等同道中人聊诗词，交流心得，获益匪浅。尤其是韩总编痴迷诗词、弘扬诗词的情怀感染着我。他还经常送我一些诗词方面的书籍，意在引导培养。其中，厉以宁、江平、马凯等人的诗词引起我的共鸣，我常认真琢磨，体会意境。他们跌宕起伏的人生是产生经典诗词的源泉。自己一度沉浸在诗词的王国里，如醉如痴地阅读了大量诗词书籍。同时，将去过的名胜古迹，对人生的思考，对老师、友人的怀念，参加扶贫等经历，填写了一些诗词，分别刊登在《山西市场导报》《山西法制报》《山西审判》和《中国诗歌网》《中国作家网》上，新浪、搜狐、和讯等网站也有转载，产生了一定影响。几年下来，竟也有三百多首。大多为词，少部分为诗，记录了我三十多年来走过的地方和心路历程。

诗词中尤其喜欢宋词。宋词与唐诗相比，格律没有那么严格，有长有短，口语化浓，易于理解，便于歌唱。词形成于初唐，在宋朝达到顶峰，是古典文学的明珠。研究宋词的古有朱彝尊、朱祖谋等，近代有王国维，现当代有夏承焘、唐圭璋、叶嘉莹等人。通说把宋词分为豪放派和婉约派，前者以苏东坡、辛弃疾为代表，后者以柳永、秦观、李清照为代表。这种分法有一定道理，但并不能涵盖风格流派众多的宋词。叶嘉莹教授在多年研究的基础上，把宋词分为歌辞之词、诗化之词和赋化之词三种。歌辞之词主要是描写男女爱情、征夫思妇、伤春怨别，以温庭筠、韦庄、李煜为代表，亦称花间派。到了诗化之词注重抒发忧国忧民之情，表达家国情怀，语言特色为感物言志，直接感发，把诗的特点融入词里，以苏东坡、辛弃疾为代表。赋化之词主张雕琢勾勒，体物写志，透过对物的观察、描摹抒发感情，强调一语双关、词外有意，以周邦彦、姜夔、吴文英为代表。过去推崇诗化之词，对苏辛的词评价很高，中学课本里选了许多诗化之词。对歌辞之词和赋化之词，认为格调不高，内容庸俗，或者晦涩难懂，刻意贬低。其实，各种风格的词，各有特色，没有高低贵贱之别。每个人所处的环境不同，生活经历不同，对生活的感悟肯定不同。有的喜欢诗化之词，有的喜欢赋化之词，还有的喜欢歌辞之词，正如现在流行歌曲、民族歌曲、美声歌曲一样，各具特色。无论哪种风格的诗词，最终都体现在意境上。风格没有贵贱之分，意境却有高低之别。王国维在《人间词话》中主张“能写真景物，真感情者，谓之有境界。否则谓之无境界”。强调“诗人对宇宙人生，须入乎其内，又须出乎其外。入乎其内，故能写之；出乎其外，故能观之。入乎其内，故有生气；出乎其外，故有高致”。既有轻视外物之意，又有重视外物之心，源于生活而又高于生活，才能创作出意境高远的诗词。同时，运用好比、兴、赋的手法，增添诗词的韵味。比、兴、赋是从《诗经》里总结出的创作诗词曲的三种手法。比是指比喻和比拟，以此物比彼物。兴是指托物起兴，先言他物，然后借以联想，引出所要表达的事物、思想和感情。赋是指平铺直叙，开门见山。经典诗词往往是比、兴、赋运用成功的典范。在创作中用心观察，细心体验，用比、兴、赋的手法融入感情，用通俗的语言营造意境，才能体现出一个人的真正功力。

“众里寻他千百度。蓦然回首，那人却在灯火阑珊处。”王国维用辛弃疾的这句词形容做学问的第三重境界，恰当极了。没有千百度的上下求索，就不会有瞬间的顿悟释然。一朝顿悟释然，就会发现进入新的境界。

任生林

于庚子深秋复觉斋

目录

一 行吟篇一

丝路行吟

塞外情思

青海诗吟

西疆寄情

蜀山蜀水

巴山风雨

醉美贵州

皖地徘徊

之江行吟

八闽山水

京都情思

— 人生篇—

— 扶贫篇—

一 抗疫篇一

一 友情篇一

—怀念篇—

一 怀古篇一

行吟篇

— 故乡踯躅 —

— ◆◆◆◆ —

鹧鸪天

珏　山[1]

双峰耸立翠巍峨，
一对碧玉嵌太行。
险峻峭壁山岚绕，
楼阁殿宇郁芬芳。

山吐月，云亭里，
晋魏河山第一奇。
玄天上帝人福赐，
文昌殿里育精英。

①珏山位于山西省晋城市区东南13千米处的丹河南岸，佛道名山。2009年10月，珏山景区入选中国百佳避暑名山。

鹧鸪天

青莲寺[1]

背靠珏山临丹河。
太行深处清静地。
银杏参天枝叶茂，
子母古柏天下奇。

面容满，曲身姿。
唐宋彩塑传真情。
慧远验证笔台掷，
精心注疏涅槃经。

①青莲寺位于丹河河畔，北齐慧远和尚始建，分上下两院，为全国重点文物保护单位。

行香子

炎帝陵[①]

映翠青山，云蒸霞蔚。
玉带美、纵贯南北。
陵庙宫祠，神农亲累。
教民稼穑，制农具，尝百味。

岁月悠悠，春秋五千。
历沧桑、文明未断。
炎黄同心，一脉相传。
华夏民族，东方立，万世延。

①炎帝陵位于高平市东北17千米处的庄里村，俗称皇坟。陵后有庙，谓之五谷庙。

行香子

郭峪古堡[①]

负阴抱阳，面水背山。
樊溪边、十月城堡。
豫楼高耸，围墙森严。
偌大城堡，防流寇，护家园。

岁月沧桑，遗珠乡间。
历动乱、千疮百孔。
欣逢盛世，风貌还原。
看汤王庙，申明亭，老狮院。

①郭峪古堡位于阳城县皇城相府南300米，是太行山麓一座城堡式村落。为全国重点文物保护单位，被誉为“中华民居之瑰宝”。

山坡羊

蟒河[1]行

松柏片片，山影重重，
妩媚山花斗艳奇。
泉水清，鸟儿鸣。

植物珍贵动物灵，
太行王屋都聚在此。
昼，猕猴嬉；
夜，猕猴嬉。

①蟒河位于阳城县南33千米，是国家级自然保护区，有“山西动植物资源宝库”之美誉。

画堂春

王莽岭[1]

浩瀚云海喷薄日，
霞彩万丈光芒。
绝壁如削争奇险，
雄伟壮观。

云雾迷漫峰隐，
亦真亦幻仙境。
凌空飞旋灌乔木，
百鸟争鸣。

①王莽岭位于晋豫两省分界陵川县境内。

画堂春

观《千年铁魂》感怀[①]

漆黑城头炉火旺，
铁水凌空绽开。
金蛇狂舞漫天来，
散花精彩。

源起宋辽盛清，
祭祀老君祖师。
驱邪纳吉丰登盼，
浓浓喜庆。

①《千年铁魂》是晋城市城区司徒小镇景区内的一场实景演出，描写了铁与火的碰撞，智慧与勤劳的融合。

诉衷情

东关老街拆迁有感

景忠桥下小溪流，
晨暮伴学路。
荒院褐锈满布，
观景嬉戏处。

清真寺，
关帝庙，
人拥簇。
四十春秋，
一片旧居，
一片新屋。

— 并州抒怀 —

— ◆◆◆◆ —

卜算子

青龙古镇[1]

明清古驿道，
出塞青龙镇。
千里经商富一方，
百万忠诚铸。

耕田年年传，
诗书代代承。
欣逢盛世又复兴，
忠义保昌盛。

①青龙古镇位于山西省阳曲县侯村乡，因晋蒙商道而兴盛，现为全国传统古村落、全省十大新锐景区之一。

卜算子

森栖谷[①]

卧床望星空，
喷泉水雾冲。
绿丛回廊和谐中，
鼎沸人声浓。

品茗沐细雨，
弄草闻花香。
虫鸣鸟啾欢悦音，
悠悠时光度。

①森栖谷位于太原市东山董家庄，是一个田园综合体和天然氧吧。

菩萨蛮

农家乐

落叶飘零一阵凉，
寒风凛冽山苍黄。
蜿蜒小路长，
雁归天清亮。

鸡闻绕院跑，
牛哞声长啸。
窑洞热炕头，
喧欢几人酬。

菩萨蛮

并州初雪

寒冬禅音呼啸至，
雪花烂漫飘落迟。
洁白无一瑕，
银装全城家。

静守雪唯美，
动看雪飘逸。
放逐雪国里，
身心俱解离。

蝶恋花

瞻高君宇故居[1]

少存奇志一飞天，
飞到红楼，马列熏陶浓。
五四健将向前冲，
三晋建党播火种。

国共合作呕心血，
领导工运，驱逐军阀功。
彗星迅忽英年逝，
洁白爱情后人崇。

①高君宇故居位于太原市娄烦县岭底村，是中国共产党早期领导人之一、政治活动家高君宇的诞生地和青少年学习生活的地方。

生查子

游乌金山太清宫[①]

夕阳映群峰，
林海足下行。
曲径幽松里，
宫观蓦然新。

钟鼓楼，无极殿。
古木依旧青。
千年沧桑事，
一声钟磬音。

①太清宫位于晋中市榆次区境内，是乌金山的一处道教寺院。

念奴娇

三晋颂

巍巍太行，
延千里，
群峰竞秀争奇。
汾河潺潺，
润万民，
波光潋滟美景。
五台云冈，
佛国圣地，
袅烟绕庙宇。
平遥晋祠，
山河诗画表里。

欣逢百年盛世，

民众祥和，
政治更清明。
转型发展，
调结构，
夯实增长后劲。
一带一路，
改革创新，
助腾飞当今。
丰饶秀美，
筑梦富裕三晋。

— 河东情思 —

— ◆◆◆◆ —

鹧鸪天

登五老峰①

蒲州麦熟践诺言，
师生同游话沧桑。
溪流潺潺奇峰秀，
翠柏森森山风爽。

仙人洞，莲花台。
玻璃桥边仙景赏。
太乙峰下语欢笑，
玉柱顶上歌声朗。

①五老峰位于山西省永济区东南16千米的中条山脉，因古代五老在此为帝王授《河图》《洛书》而得名。五老峰是河洛文化早期传播地和北方道教全真派的发祥地之一。

画堂春

游普救寺[①]

青松翠柏千竿竹，
曲径鹊桥湖山。
叠石假山悬如削，
双亭飞檐。

深院包围美人，
书生搬兵救援。
历经磨难终团圆，
羡慕千年。

①普救寺位于永济市蒲州古城东3千米的峨眉塬头上。始建于唐朝武则天时期，是一座佛教十方禅院。因西厢记中的爱情故事闻名中外，被誉为爱情圣地。

踏莎行

蒲津渡遗址[1]

怒目圆睁，雄健有力。
浑身放光千年立。
高硕彪悍肌肉实，
傲视群雄大胸臆。

铁牛筑基，铁人指路。
铁索连舟变通途。
关中锁钥扼河东，
举世桥梁我独树。

①蒲津渡遗址位于永济市西18千米的蒲州古城西门外，黄河东岸，为全国重点文物保护单位。

画堂春

后土祠[1]

黄河岸边淮阴脽，
根祖文化蕴育。
秋风楼上秋风辞，
千古绝奇。

正殿献殿虎殿，
古朴精美壮丽。
品局戏台说人生，
神州独例。

①后土祠位于山西省万荣县西南40千米处黄河岸边，是祭祀后土（地母）的祠庙，为全国重点文物保护单位。

行香子

李家大院[①]

鸱[②]吻棹[③]楔[④]，青砖高墙。
石木雕，兽瑞禽祥。
彩绘铁艺，中西流畅。
看推拉门，银锭纹，重额枋。

耕读传家，忠恕行善。
土布发，遍及国半。
义利相济，儒道融禅。
数乔家名，王家院，李家善。

①李家大院位于山西省万荣县闫景村，是清末民初晋南首富李子用的家宅，与乔家大院、王家大院并称为“晋商三蒂莲”。

②鸱（chī），指鹞鹰。

③棹（zhào）指长的船桨。

④楔（xiē）指填充器物空隙的木片、木钉。

鹧鸪天

晋国古都博物馆[1]

叔虞封唐晋肇端，
献公征伐独自决。
城濮一役声鹊起，
践土会盟称霸王。

韩魏赵，国分三。
各政倾轧争雄强。
嫡传自居承正宗，
秦汉百年还影响。

①晋国古都博物馆位于山西省侯马市内，是一座集中展示晋国新田文化的专题性博物馆。

— 雁北忆旧 —

鹧鸪天·登悬空寺

蝶恋花·谒栗毓美墓

临江仙·煤都井下探秘

鹧鸪天

登悬空寺①

上延霄客下绝嚣，
凌空相望画一院。
环廊合抱六座殿，
栈道飞架犬牙连。

窟中楼，楼中穴。
半壁楼殿半壁窟。
一堂聚集三教主，
胸襟坦荡和睦处。

①悬空寺位于山西省浑源县恒山金龙峡翠屏峰峭壁间，因整座寺院悬挂在悬崖上而得名。它是一座佛道儒三教合一的寺庙。

蝶恋花

谒栗毓美墓[1]

人天北柱世倾慕，
御赐祭葬，享尽臣哀荣。
精解症结治串沟，
抛砖筑坝绝患穷。

公正明断决冤狱，
案牍廓清，百姓少诉讼。
摒黜浮华捐廉银，
端习培风谨持躬。

①栗毓美墓位于山西省浑源县城东门外，为清道光年间河南山东河道总督栗毓美的墓。

临江仙

煤都井下探秘[1]

千米巷道通幽处，
静谧潮湿昏暗。
亿万煤岩现眼前。
陷落柱断层，
惊艳不知险。

煤矸石上佛神韵，
物我交融匠心。
综采掘进任意行。
挖煤更精进，
照亮大光明。

①井下探秘游是山西同煤集团投资3000多万元，在晋华宫煤矿建成中国第一家国家矿山公园，井下探秘游独具特色。

— 关中行吟 —

— ◆◆◆◆ —

临江仙

楼观台[①]

竹海松林浮方舟，
造就福地洞天。
字字珠玑五千言。
修行吾老洞，
传道说经台。

性命双修唯全真，
不事黄白烧炼。
严已利人修行严。
苦海终有边，
羽化自成仙。

①楼观台位于秦岭北麓周至县境内，是道教最早的圣地，为道家七十二福地之首。因说经台犹如竹海中浮起的方舟，故称楼观台。

踏莎行

草堂寺[1]

松柏森森，翠竹遥遥。
亭阁玲珑意境好。
山岚水汽叠嶂生，
香火不绝终年绕。

圭峰福地，苫草为堂。
潜心译经创三论。
法华远播信徒众，
东瀛日莲祖庭尊。

①草堂寺位于西安市鄠邑区圭峰山北麓，是佛教八宗之一三论宗的祖庭，也是长安几个佛教译场中出现最早、持续时间最长、规模最大的寺院，是佛教中国化的起点，为全国重点文物保护单位。

西江月

玉泉院[1]

傍水依山幽竹，
挺拔古树参天。
石舫曲桥连池岸，
无忧山荪相看。

利禄功名身外，
静心希夷修炼。
驻防深山心忧国，
辫子复辟遭难。

①玉泉院位于陕西省华阴市，是华山道教活动的主要场所。

西江月

镇岳宫[1]

奇峰白云与共，
松涛流水交融。
瑶草结环繁华锦，
幽雅回廊曲径。

玉井相通玉泉，
圣水滋润方圆。
少昊金天显神灵，
草药遍地济民。

①镇岳宫位于华山西峰东坡下，是一处环境幽美的宫观建筑。

— 汉中访古 —

蝶恋花·谒定军山

卜算子·诸葛古镇

卜算子·拜将坛

踏莎行·褒谷口

— ◆◆◆◆ —

蝶恋花

谒定军山[1]

先主显威定军山，
刀劈夏侯，老将建奇功。
称王聚心安汉中，
蜀魏对峙阔苍穹。

北伐中原奠基礼，
实力不济，武侯徒唤风。
魂归宝地荫蔽冢，
化作卧龙佑民众。

①定军山位于陕西省汉中市勉县城南5千米，三国时期古战场。我国第一部电影《定军山》，就是以定军山之战老将黄忠刀劈夏侯渊为内容的。

卜算子

诸葛古镇[1]

满眼黄金香，
一方春色景。
天灯禅寺绿丛中，
春水汉江清。

魂归定军山，
武侯钟情地。
北伐中原鞠躬瘁，
千古颂美名。

①诸葛古镇位于陕西省勉县，紧邻诸葛武侯祠。它是具有浓郁三国文化的景区。

卜算子

拜将坛[①]

三月阳春天，
直入拜将坛。
台场宽阔立一碑，
英名留千年。

奇才未重用，
逃离夜色浓。
择日设坛拜大将，
从此逞英雄。

①拜将坛位于汉中市城南门外，相传为汉高祖刘邦拜韩信为大将时所筑。

踏莎行

褒谷口[1]

怪石峥嵘，翠峰林立。
清净幽雅景色异。
高峡平湖波荡漾，
溪流潺潺泉涌溢。

栈道明珠，褒姒故里。
摩崖石刻多遗迹。
楚汉相争今何方，
不见当年韩信计。

①褒谷口位于汉中市石门栈道风景区内，被誉为中国栈道之乡。褒姒铺相传为绝世美女褒姒的故乡。

— 丝路行吟 —

踏莎行·嘉峪关

行香子·莫高窟

卜算子·鸣沙山月牙泉

画堂春·阳关随想

— ◆◆◆◆ —

踏莎行

嘉峪关[①]

狭谷穿山，危坡逼道。
沙漠戈壁最险要。
悬壁长城控群山，
讨赖河墩扼城壕。

城内套城，迭门重城。
箭楼角楼无数楼。
文昌戏台关帝庙，
锁钥文武重叠守。

①嘉峪关位于甘肃省嘉峪关市，是明长城最西端的关口，古代丝绸之路的交通要塞。为全国重点文物保护单位。

行香子

莫高窟[1]

一坡岩沙，几百洞窟。
恁藏着，千尊塑像。
朴实厚重，典雅端庄。
看本佛像，菩萨像，弟子像。

千年不朽，万米壁画。
怎绘得，周壁佛法。
色彩瑰丽，巍峨宏大。
赏经变画，人物画，山水画。

①莫高窟俗称千佛洞，坐落在河西走廊西端的敦煌，是世界上现存规模最大、内容最丰富的佛教艺术宝地。

卜算子

鸣沙山月牙泉[1]

山峰如刀削，
泉水似月湾。
沙灵水秀映成趣，
地貌一奇观。

风吹沙不落，
泉涌流沙边。
历经千年不干涸，
心性静修炼。

①月牙泉位于甘肃省敦煌市西南5千米鸣沙山北麓，泉水东深西浅，弯曲如新月，故名。

画堂春

阳关[1]随想

戈壁大漠烽燧台，
流沙古道千年。
钱币陶盅铜箭镞，
依稀俯捡。

使臣商贾骚客，
丝路往来不绝。
玄奘取经历绝难，
探究心安。

①阳关位于甘肃省敦煌市西南的古董滩附近，是古代中国陆路对外交通咽喉之地，丝绸之路南路必经的关隘。因在玉门关之南，故名。

— 塞外情思 —

诉衷情 · 水洞沟

画堂春 · 水洞沟大峡谷

画堂春 · 沙坡头

山坡羊 · 西部影城

— ◆◆◆◆ —

诉衷情

水洞沟[1]

远古祖先栖息地，
万年今犹在。
墩台烽燧天崖，
风霜城堡寨。

大峡谷，
红山湖，
沙枣湾。
长城眺望，
一边沙漠，
一边江南。

①水洞沟位于宁夏回族自治区银川市，是国内最早发掘的旧石器文化遗址，被誉为中国史前考古的发祥地。

画堂春

水洞沟大峡谷[①]

登高望远待来者，
肃穆庄严将士。
相敬对拜倾夫妻，
恋人相依。

雨水冲刷土柱，
鬼斧神工怪奇。
藏兵百万浑不知，
遥想无尽。

①水洞沟大峡谷位于水洞沟风景区内，是典型的雅丹地貌。

画堂春

沙坡头①

黄河飞渡凌空过，
惊险刺激美景。
羊皮筏子河中漂，
悠闲恬静。

沙海冲浪竞赛，
惊心动魄无悔。
雄奇温婉巧融合，
相映生辉。

①沙坡头位于宁夏回族自治区中卫市腾格里沙漠的东南边缘，是国家级沙漠生态自然保护区。

山坡羊

西部影城[①]

古朴原始，粗犷荒凉，
镇南镇北两相望。
牧马人，酒作坊。

卧龙怀珠幸运门，
多少影星都成了往。
古，地荒凉；
今，仍荒凉。

①西部影城位于宁夏回族自治区银川市，是集观光、娱乐、休闲、购物于一体的国家级旅游景区。

— 青海诗吟 —

五古·黄河贵德段

七古·刚察小城

七古·青海湖畔

七古·塔尔寺

七古·玉皇阁

七古·九天玄女祖宫

— ◆◆◆◆ —

五古

黄河贵德[1]段

青青黄河水，缓缓高原流。
流到小贵德，美得少女羞。
流到宁夏区，银川赛江南。
流到大兰州，母亲韵不丢。

流到黄土坡，滔滔水不休。
流到中原地，悬在天上流。
奔腾向大海，一路头不回。
浓浓母亲情，悠悠中华魂。

①贵德县位于青海省东部，素有“高原小江南”、西宁市“后花园”之美誉。

七古

刚察小城[1]

高原小城刚察县，
干净整洁强光线。
油菜花开湟鱼贵，
客舍花舍共相勉。

①刚察县位于青海省海北藏族自治州境内。

七古

青海湖畔

湖水青青浪拍岸，
草原绿绿广无边。
白云飘过野牦牛，
师兄冥思苦修禅。

七古

塔尔寺[1]

先塔后寺塔尔寺，
先知先觉宗大师。
黄教布道五百年，
教民化众一千里。

①塔尔寺位于青海省西宁市湟中县境内，是中国西北地区藏传佛教的活动中心。

七古

玉皇阁[1]

山河一览玉皇阁，
并存三教乐贵德。
摒弃门户心胸广，
何须教人分善恶。

①玉皇阁位于青海省贵德县境内。

七古

九天玄女祖宫[①]

湟水谷地凤凰山，
昆仑文化悠久传。
九天玄女吾民佑，
灵魂修复力量源。

①九天玄女祖宫位于青海省西宁市湟水谷地扎麻隆村。

— 西疆寄情 —

— ◆◆◆◆ —

卜算子

拜城[1]秋景

胡杨洒金染，
溪流碧波澜。
鸟儿驰飞闹嬉戏，
天高云又淡。

牧羊归来晚，
歌舞人欢畅。
五谷丰足奔小康，
和谐牧民看。

①拜城县位于新疆维吾尔自治区阿克苏地区，“拜”为“巴依”一词音译而来，意为富庶。

清平乐

喀纳斯[1]秋景

如洗蓝天，
山林涂画展。
湖水澄澈梦仙境，
草香花儿烂漫。

晨曦淡淡炊烟，
午后层林尽染。
夕阳闪耀天际，
篝火歌舞人欢。

①喀纳斯风景区位于新疆维吾尔自治区阿尔泰山中段。

踏莎行

惠远古城[1]

风吹铜铃，悦耳清脆。
钟鼓楼上望边陲。
将军府里江南景，
伊犁河畔满眼翠。

心怀天下，宠辱皆忘。
亮吉力陈弊政言。
林公筑渠润万民，
徐松谪居著鸿篇。

①惠远古城位于新疆维吾尔自治区伊犁哈萨克自治州霍城县境内。清乾隆为加强伊犁地区的治理，设立伊犁将军，先后建起九座城，统称“伊犁九城”，惠远城为之首。

浪淘沙

东川书记边疆维稳行

驱车数千里，
心系安稳。
晓行夜宿身太疲，
济困扶贫情更真。
群众莫等。

走村串户急，
感动至深。
邪教害人终非浅，
教育融化靠真诚。
溢满心声。

鹧鸪天

东川书记督查工作有感

千里督查边疆行，
落实工作更艰辛。
社区管理精细化，
警务措施方便民。

涉农事，暖人心。
基层党建长久情。
发展争做先行者，
维稳勇当排头兵。

水调歌头

治疆感怀

汉武雄韬略，
张骞威武壮。
东西交流，
千里开拓丝路梁。
唐宗经营两府，
田垦兵屯民安，
往来商旅忙。
元朝设行省，
清代固边疆。

通火车，
架高速，
建机场。

西部开发，

南北天山待兴旺。

千年传承伟业，

今朝方略治疆，

团结才安稳。

各族睦相处，

同心奔小康。

— 蜀山蜀水 —

鹧鸪天·峨眉山

鹧鸪天·报国寺

鹧鸪天·青城山

画堂春·都江堰

卜算子·武侯祠

踏莎行·杜甫草堂

画堂春·乐山大佛

苏幕遮·九寨沟

卜算子·尧坝古镇

鹧鸪天

峨眉山[①]

云鬘[②]凝翠鬒[③]黛妆，
蜂[④]首峨眉秀艳长。
万佛顶上观云海，
报国寺内袅烟香。

禅宗盛，普贤扬，
继业倾力铸金像。
千年传承有僧尼，
蜚声中外无国疆。

①峨眉山位于四川盆地西南边缘，为中国四大佛教名山之一。
②鬘(mán)：形容头发美好。
③鬒（zhěn)：形容头发黑而稠密。
④螓（qín)：指一种形体较小的蝉。

鹧鸪天

报国寺[1]

蔽空楠树周红墙，
朝阳欲飞金凤凰。
香烟袅袅磬声漫，
伟殿崇宏金碧煌。

普济情，贤德量，
众生解脱共瞻仰。
心广胸阔国恩报，
三教会宗济一堂。

①报国寺位于峨眉山景区内，为峨眉山第一座寺庙，是当地佛教活动中心。

鹧鸪天

青城山[1]

群峰环绕木葱茏，
四季常青幽万重。
建福宫内先祖祀，
老君阁外一片空。

结茅道，羽化中，
天师创教靠身躬。
隋唐宫观遍地是，
千年兴盛蜀国浓。

①青城山位于四川省都江堰市，为世界文化遗产，全真教龙门派圣地。

画堂春

都江堰[1]

岷江泛滥皆鱼鳖，
汪洋一片不留。
赤地千里忙秋夏，
颗粒无收。

父子修堰万福，
百姓助力多年。
防洪灌溉绝水患，
富饶西川。

①都江堰位于四川省都江堰市城西，为世界自然与文化遗产。

卜算子

武侯祠[①]

昭烈庙居前，
武侯祠殿后。
生死相依永不分，
君臣情谊厚。

桃园三结义，
隆中断大势。
逆江入川建蜀国，
天下三足立。

①武侯祠位于四川省成都市内，为纪念诸葛亮的专祠，后合并成君臣合祀祠庙。

踏莎行

杜甫草堂[①]

典雅古朴，清幽秀丽。
草堂风貌好惬意。
万佛楼上收美景，
木刻廊内列杜诗。

仕途坎坷，颠沛流离。
位卑仍惦百姓疾。
笔耕不辍数千首，
终成诗圣留后世。

①杜甫草堂位于四川省成都市内，为唐朝大诗人杜甫流寓成都时的故居。

画堂春

乐山大佛①

三江汇流凌云山，
水势凶猛覆楫。
百年凿佛避悲剧，
造福当地。

依山临江危坐，
体态匀称美丽。
高大肃穆与山齐，
古今第一。

①乐山大佛位于四川省乐山市岷江东岸，是中国最大的一尊摩崖石刻造像。

苏幕遮

九寨沟[1]

翠海灵，碧波明。
玲珑剔透，斑斓色彩绸。
急泻倾挂绿岩上。
凌空飞落，叠瀑腾呼啸。

彩林宽，苔藓厚。
浩渺幽远，植物奇风貌。
皑皑雪峰收眼底。
汉藏融合，璀璨明珠耀。

①九寨沟位于四川省阿坝藏族羌族自治州九寨沟县境内，为世界自然遗产。

卜算子

尧坝古镇[1]

五彩油纸伞，
清香邓黄粑。
大鸿米店麻竹笋，
香茗鼓仙茶。

护乡武进士，
美学朝闻处。
影视深厚涌佳片，
川南一明珠。

①尧坝古镇位于四川省泸州市合江县境内，建筑为典型的川南民居四合院风格。

— 巴山风雨 —

踏莎行

钓鱼城[1]怀古

蒙哥铁骑，披靡所向。
钓鱼城头遇顽强。
二百余战未胜负，
三十六年有城墙。

东方麦加，上帝折鞭。
遗址千年厚积淀。
驰名巴蜀三江饶，
胜景城郭一壮观。

①钓鱼城位于重庆市合川区境内，国家重点文物保护单位。因南宋军民抗击蒙古大军长达36年而闻名于世。

踏莎行

大足石刻[①]

璎珞蔽体，花簇珠串。
玲珑剔透媚态现。
五百米长上壁崖，
万尊佛像展画卷。

海棠香国，美轮美奂。
雕刻艺术摘皇冠。
三教融合气息浓，
千年遗迹万古看。

①大足石刻位于重庆市大足区内，为世界文化遗产。其与敦煌莫高窟、大同云冈石窟并称为中国三大石窟。

鹧鸪天

游缙云寺[①]

千年名泉千年兴，
缙云山上缙云寺。
迦叶传承有书院，
名泉润泽前世师。

汉藏理，太虚融，
朴初弘扬神州地。
佛祖拈花示众人，
尊者破颜点真理。

①缙云寺位于重庆市北碚区缙云山中，为国内唯一的迦叶古佛道场。

— 醉美贵州 —

踏莎行

黄果树瀑布[1]

万练飞空，捣珠崩玉。
磅礴大气接天宇。
水帘洞内轰鸣声，
白水河畔群峰绿。

壮观伟哉，奇绝妙处。
山水林洞旷今古。
霞客推崇荐世人，
神州南北看瀑布。

①黄果树瀑布位于贵州省安顺市镇宁布依族苗族自治县境内，为世界著名大瀑布之一。

鹧鸪天

西江千户苗寨[①]

栉比鳞次叠层峦，
吊脚楼外阶息凉。
风雨桥里遮风雨，
清凉河畔洗衣裳。

芦笙亢，舞铜鼓，
耄耋老人心欢畅。
千年手艺千人传，
一件银饰一眼亮。

①西江千户苗寨位于贵州省黔东南苗族侗族自治州雷山县境内，是中国乃至世界最大的苗族聚居村寨。

菩萨蛮

遵义会议会址①

八十年前会议场，
三个日夜定方向。
一条长方桌，
十几人围坐。

深冬衣衫冷，
军心热沸腾。
四渡赤水胜，
从此有灵魂。

①遵义会议会址位于贵州省遵义市内，因遵义会议而闻名于世。

踏莎行

跌水瀑布[1]

拥云推雪，倾珠撒玉。
涵碧潭上出峡谷。
淙淙哗哗倾泻下，
层层叠叠落雨瀑。

瀑响泉鸣，鸟啾虫吟。
伯牙子期今相遇。
诗意盎然不胜收，
人间天堂好留处。

①跌水瀑布位于贵州省黔南布依族苗族自治州荔波县小七孔景区内。

画堂春

水上森林[1]

水中有石石生树，
树植水中奇观。
相依相偎终身伴，
生死相连。

林密草深水急，
蹲高间远步缓。
人树倒影融一体，
笑语喧欢。

①水上森林位于贵州省荔波县小七孔景区内。

鹧鸪天

镇远古镇①

青砖黛瓦封火墙，
曲径通幽古街巷。
错落有致石桥城，
飞檐翘角画栋梁。

碧水雾，渔火江，
帖崖建筑似天堂。
屏山为城水为池，
南国长城隐苗疆。

①镇远古镇位于贵州省黔东南苗族侗族自治州镇远县境内。

— 多彩滇西 —

—·◆◆◆◆·—

七绝

惠通桥[1]边遐思

惠通桥畔炮声紧，
远征官兵鏖战急。
捍卫国土同使命，
功过自有后人评。

①惠通桥位于滇缅公路中国段600千米处，因抗击日军而闻名。

七绝

泡温泉

石瓢村里泡温泉，
富含碳酸池相连。
叠翠林密墨绿秀，
远在深山乐忘返。

— 藏地闲吟 —

踏莎行

布达拉宫[1]

依山垒砌，群楼重叠。
白宫红殿映蓝天。
楼宇嵯峨势恢宏，
金碧辉煌耸云端。

精美唐卡，逼真塑像。
千年圣物今朝看。
殊胜三界颂万岁，
涌莲初地灵塔殿。

①布达拉宫位于西藏自治区拉萨市内，为世界上海拔最高，集宫殿、城堡和寺院于一体的宏伟建筑群。

临江仙

大昭寺[①]

金像等身耀觉康，
众佛环绕回廊。
精美壁画千米长。
金顶映蓝天，
白墙衬黑窗。

长明万盏酥油灯，
青石岁月留痕。
佛祖显灵佑众生。
香烟缭终日，
拜忏颂虔诚。

①大昭寺位于西藏自治区拉萨市内，为全国重点文物保护单位。

临江仙

南伊沟[1]

桦树青冈云杉密，
野草摇曳娇艳。
松萝枝丫似帷幔。
曲水响谷间，
牦牛啃草闲。

彩虹雪山鸟飞翔，
林幽蹊径花田。
珞巴吊桥连渠岸。
上山忙采药，
狩猎扬经幡。

①南伊沟位于西藏自治区米林县境内，有“藏地药王谷”之称。

画堂春

羊八井地热[1]

高原深处烟雾腾，
云霄直冲迷眼。
白雪皑皑蒸汽田，
天下奇观。

热水富含硫磺，
洗浴治病煮蛋。
飞雪漫天泡温泉，
惬意浪漫。

①羊八井地热位于西藏自治区拉萨市内，为西藏著名的蒸汽田。

— 岭南忆旧 —

浪淘沙·虎门销烟

画堂春·肇庆七星岩

鹧鸪天·鼎湖山

鹧鸪天·湖光岩

踏莎行·陈氏书院

踏莎行·中山故居

清平乐·会同古村

浪淘沙·珠海行

临江仙·参观碧桂园总部

浪淘沙

虎门销烟[①]

鸦片屡走私，
烟馆林丛。
戕害健康弱民众。
官兵无人再征战，
国库虚空。

上书道光帝，
钦差禁烟。
收缴销毁紧相连。
唤醒民众疾奔走，
遏制蔓延。

①虎门销烟是指清朝钦差大臣林则徐领导当地人民在广东虎门集中销毁鸦片的历史事件。

画堂春

肇庆七星岩[1]

湖中有山山中洞，
洞中藏河奇观。
仙女湖畔眺望远，
卧佛含丹。

桃花岛上好运，
游人初春醉景。
景在城中不见城，
美如仙境。

①七星岩位于广东省肇庆市内，因七座石灰岩峰排列状如北斗七星而得名。

鹧鸪天

鼎湖山[①]

峰峦重叠深沟谷，
陡崖断层险峻路。
龙潭飞瀑挂半腰，
游人避暑好去处。

千年刹，胜风景，
国父畅游征程行。
庆云寺内香火旺，
宝鼎园外沧桑情。

①鼎湖山位于广东省肇庆市东北部18千米处，是集风景旅游、科学研究、宗教朝拜于一体的胜地。被称为岭南四大名山之首。

鹧鸪天

湖光岩①

峭壁悬崖火山岩，
湖水澄澈似明镜。
白衣庵内塑观音，
望海楼外示迷津。

古藤绕，茂盛物，
曲水流觞傍诗廊。
李纲醉月有遗迹，
千年春秋话沧桑。

①湖光岩位于广东省湛江市区西南18千米处，被誉为研究地球与地质科学的“天然年鉴”。

踏莎行

陈氏书院[①]

构建严整，装饰精妙。
堂皇富丽岭南俏。
灰塑铁铸缀几许，
天工璀璨数三雕。

纳税诉讼，备考候任。
服务宗人为精要。
风雨百年不衰微，
民间艺术闪光耀。

①陈氏书院位于广东省广州市内，为陈姓人氏合资兴建的合族祠堂。

踏莎行

中山故居[1]

翠竹苍松，红棉榕树。
环境清幽罩庭院。
赭红拱门飞鹰衔，
陈设简陋椽腐烂。

胸怀天下，家产散尽。
竭力革命帝制翻。
三民主义谋共和，
天下为公做典范。

①中山故居位于广东省中山市翠亨村，为孙中山主持修建而成。

清平乐

会同古村[1]

青砖灰瓦，
三街连八巷。
碉楼高耸远眺望，
坚固无敌雄壮。

山环水绕榕林，
风水堪舆佳地。
三姓人家聚集，
仙馆风气引领。

①会同古村位于广东省珠海市内，为清一色岭南民居。

浪淘沙

珠海行

形胜在山海，
河网纵横。
四季常青草木盛。
石奇洞幽峰峦雄，
岭南明灯。

良秀毓钟灵，
西学先风。
百年发展机遇乘。
高校云集栋梁育，
幸福岛城。

临江仙

参观碧桂园总部

碧江桂山人灵秀，
满楼绿色惊喜。
低碳智慧生态景。
设计超人性，
服务更贴心。

筚路蓝缕创业艰，
拼搏奋力雄起。
兴盛不忘回报情。
捐资办教育，
倾力扶弱贫。

— 粤东访古 —

画堂春·谒韩文公祠

江城子·广济桥

生查子·开元寺

江城子·宋井边随想

画堂春·揭阳学宫

画堂春

谒韩文公祠[1]

谏君被贬无悔意，
孤身蛮烟瘴地。
延师兴学驱鳄灾，
赎放奴婢。

文起八代载道，
为官立身初心。
家国情怀定笃行，
江山易姓。

①韩文公祠位于广东省潮州市城东笔架山麓，是现存最早纪念唐代文学家韩愈的祠庙。

江城子

广济桥[1]

楼台亭屋烟雨中，
左玉鉴，右冰壶。
济美联芳，画桥龙卧虹。
十八梭船连江通，
新月白，晚灯红。

一桥凝聚多少泪，
丁侯苦，王源累。
镇桥御水，自谦铸牛佩。
今朝修复添新魅，
游人醉，民树碑。

①广济桥位于广东省潮州市古城东门外，为中国四大古桥之一。

生查子

开元寺[①]

烟雨韩江边，
福地最庄严。
精美石经幢，
清脆大云版。

香炉缀佛塔，
雄伟天王殿。
悠悠千余年，
香火未间断。

①开元寺位于广东省潮州市内，为全国重点文物保护单位。

江城子

宋井[①]边随想

潮书宋韵景亭边，
小浅井，水甘甜。
怪石沙滩，礁屿榕树盘。
炮台铳城海防南，
云盖寺，遗残垣。

崖山海战定存亡，
兵力孱，署失当。
军民十万，跳海太悲壮。
春秋大义气节强，
勇献身，死抵抗。

---

①宋井位于广东省汕头市南澳岛旅游区内。

画堂春

揭阳学宫[1]

红瓦绿檐高台基，
堂皇富丽庄严。
大成殿里奉先师，
四圣陪祀。

兵燹天灾未毁，
培育精英数万。
欣逢盛世添美颜，
冠绝岭南。

①揭阳学宫位于广东省揭阳市内，是岭南地区规模最大、配套建筑最完善、保存最完整的历史建筑群。

— 八桂盘桓 —

踏莎行

德天瀑布[1]

缟绢垂天，飞珠溅玉。
五彩缤纷染河谷。
竹筏漂荡水迷朦，
游客雀跃好留足。

翠峰点缀，缥缈水雾。
归春河畔景移步。
几亩薄田几株树，
赛似陶令忘归处。

①德天瀑布位于广西壮族自治区崇左市大新县境内，为亚洲第一大跨国瀑布。

鹧鸪天

通灵大峡谷[1]

老树枯藤蔽日天，
绿色隧道地心连。
鬼斧神工钟乳石，
洞内流瀑洞外天。

凌空来，遁无踪，
万米瀑布挂前川。
水帘洞内水急湍，
满眼青翠游人欢。

①通灵大峡谷位于广西壮族自治区靖西市境内，通天彻地，灵动飘逸，犹如地球上一道美丽的伤痕。

画堂春

明仕田园[1]

竹影碧江船摇橹，
柔美水草流淌。
翠峰洒满水云间，
游人徜徉。

稻穗摇曳农忙，
戏水牧童心欢。
繁星路灯遥相映，
笑语喧天。

①明仕田园位于广西壮族自治区崇左市大新县。景区山清水秀，山环水绕，素有小桂林之称。

破阵子

青秀山[1]

铁树千年珍贵，
雨林万株奇观。
塔影入池水映塔，
翠柏青松白云天。
邕江美画苑。

凉亭精舍作赋，
山清水秀听泉。
教化民众靠文德，
阳明过化办书院。
南国有渊源。

①青秀山位于广西壮族自治区南宁市内，是当地重点开发的景区。

画堂春

独秀峰[①]

斧砍刀削起突兀，
孤峰傲立如帝。
曲模水榭月牙池，
重柳依依。

福泉井畔书岩，
文脉传承千年。
摩崖石刻星罗棋，
处处真迹。

①独秀峰位于广西壮族自治区桂林市内，孤峰突起，陡峭高峻，气势雄伟，素有“南天一柱”之称。

— 海南访古 —

临江仙

五公祠之李德裕[1]

万里投荒不易志，
讲学著书益坚。
功成北阙葬海南。
块独人憔悴，
终日度苦难。

历仕六朝报效国，
破鹘又复幽燕。
内制宦祸外平藩。
提携孤寒士，
后世永流传。

①五公祠位于海南省海口市内，为纪念唐宋两代被贬谪到琼的李德裕、李纲、赵鼎、李光和胡铨五位历史名臣而建，因人们景仰先贤五公得名。李德裕为唐朝宰相。

临江仙

五公祠之李纲[1]

抗金御侮遭排挤，
几度宦海沉浮。
身处困境仍忧君。
报国献十议，
夙夜还京都。

一贬再贬到琼州，
颠簸遥远路途。
三天遇赦度月余。
奋笔著诗文，
丹心映史书。

①李纲为宋朝宰相。

临江仙

五公祠之李光[1]

进士出身功底厚，
亲民主政无私。
犯颜痛斥误国佞。
权贵不畏惧，
凛然显大义。

自我放逐几千里，
青鞋布袜伴行。
吟诗唱和多婉丽。
言行自有常，
神韵耀青史。

①李光为宋朝大学士。

临江仙

五公祠之赵鼎[1]

一丘孤冢留琼岛，
人间备尝辛酸。
九死不移心未泯。
闭门不谈事，
诗文度暇闲。

以言立朝勤辅政，
忠贞勇敢耿直。
举臣荐将心无私。
竭能理政事，
鼎力促中兴。

---

①赵鼎为宋朝宰相。

临江仙

五公祠之胡铨[1]

抗疏力斥投降派，
位卑岂能失志？
八载流放不移行。
开馆授书经，
增进汉黎情。

万言策论赢美名，
通达博闻强记。
守孝在家不忘耻。
募勇抗金兵，
碧血映丹心。

①胡铨为宋朝大学士。

画堂春

东坡书院[①]

再贬三贬桄榔林，
残年海外凄凉。
贵人相助载酒堂，
栖身授讲。

笠衣遮雨献丑，
随俗度日达观。
鱼鸟亲人钦帅泉，
鸿雪因缘。

①东坡书院位于海南省儋州市境内，为宋朝大文学家苏东坡谪居海南之地。

临江仙

观《三亚千古情》

海韵椰风落笔洞，
万年岁月峥嵘。
干戈玉帛瞬间同。
智慧又美丽，
巾帼大英雄。

东渡弘法避崖州，
开化传播巨功。
香瓷古道千年通。
往来人不绝，
文明相合融。

— 湘南畅怀 —

鹧鸪天

祝融峰[1]

壁立千仞峰背崖，
奇石堆砌罩烟霞。
绿涛起伏江如带，
傲雪凌风遮铁瓦。

星碧落，翠微屿，
青云满袖梦觉里。
金轮涌出勃万物，
皓月当空遍地银。

①祝融峰位于湖南省衡阳市境内，为南岳衡山主峰。

临江仙

石鼓书院[1]

东岩晓日西夜蟾，
蒸风残雪相伴。
三江凝碧遗道栈。
江阁书声朗，
钓合吟唱晚。

岁月千年烟波里，
骚人墨客胜景。
湖湘文脉第一院。
诗文读不尽，
经典永流传。

①石鼓书院位于湖南省衡阳市内，是湖湘文化发源地和湖南第一胜地。

鹧鸪天

王船山纪念馆[1]

博闻多识通书经，
乡试出众赢功名。
抗清复明国恩报，
身陷囹圄不死心。

理学弊，扬人性。
知行辩证指迷津。
南国儒林第一人，
硕德贞隐华夏名。

①王船山纪念馆位于湖南省衡阳市内，是为纪念著名思想家王夫之修建的。

临江仙

衡阳保卫战[①]

敌众我寡仍抵抗，
万人坚守月半。
惨烈冠绝全抗战。
尸骨横遍地，
城内无瓦全。

日酋气焰重遏制，
国人高涨信心。
唯欠一死慰英灵。
忠勇铸名城，
伟绩存青史。

①衡阳保卫战是中国军民抗击日本侵略军最惨烈的一场战役，被誉为“东方的莫斯科保卫战”。

— 皖地徘徊 —

临江仙·谒李鸿章故居

临江仙·九华山

鹧鸪天·九华山天台

临江仙·大愿文化园

望江南·黄山游（两首）

望江南·游宏村（两首）

卜算子·西递行

临江仙

谒李鸿章故居[①]

弱冠及第动京城，
才华盖世栋梁。
筹建淮军平天捻。
倾心建北洋，
举力固海防。

变法图强办洋务，
近代开化魁星。
秋风宝剑孤臣行。
毁誉伴终生，
功过待人评。

①李鸿章故居位于安徽省合肥市内，是晚清名臣李鸿章的家宅。

临江仙

九华山[①]

天南地北聚九华，
路远暑热身烦。
匍匐叩首拾台阶。
起拜声不断，
全凭意念坚。

静虑安忍磨心智，
行脚无数艰难。
普度众生发宏愿。
积善做功德，
菩提花自开。

①九华山位于安徽省池州市青阳县境内，为中国四大佛教名山之一。

鹧鸪天

九华山天台[1]

皖南暑热入山里，
老幼百人闵园起。
万余台阶艰险道，
三步叩首虔诚心。

拜经台，寻真迹。
天台寺外赏美景。
打坐冥思人忏悔，
蹈海上天日日行。

①九华山天台是九华山主峰，教徒朝拜地藏“圣迹”之所在。

临江仙

大愿文化园[1]

背倚笔架狮子峰，
秀蔚融凝阴阳。
气势恢宏显慈光。
左手托宝珠，
右手扶锡杖。

暑热师兄共修行，
三步一叩向前。
同频共振加持关。
起拜声不断，
宏愿何所难。

①大愿文化园位于九华山风景区内，是集自然山水与佛教文化于一体的养生禅修、休闲观光的旅游胜地。

望江南

黄山[1]游（两首）

登黄山，
天下好风光。
奇松迎客舒胸怀，
怪石嶙峋作情状。
泉瀑开天窗。

微雨后，
游人细欣赏。
温泉喷涌沁人扉，
云海升腾在天堂。
还有水画廊。

①黄山位于安徽省黄山市境内，为世界文化与自然双重遗产。

望江南

游宏村[1]（两首）

宏村行，
月沼风荷景。
牛肠水圳通千家，
南湖浩渺育万民。
水墨诗文吟。

史悠久，
千年传承情。
绿水青山蕴天地，
白墙黛瓦论古今。
只愿徽居宁。

①宏村位于安徽省黄山市黟县境内，有“画里乡村”之称。

卜算子

西递[1]行

清泉穿村过，
牌坊屹村旁。
徽派宅院恢宏气，
雕刻历时光。

诗书经世文，
孝悌保盛昌。
千年传承有皇脉，
严谨治家忙。

①西递镇位于安徽省黟县境内，素有明清古民居博物馆之称。

— 之江行吟 —

鹧鸪天

嘉兴南湖[①]

轻烟拂渚风欲来，
烟雨楼上好精彩。
乾隆南巡留遗碑，
伍相尽忠垒高台。

船一条，十几人。
共筑未来百姓梦。
星火燎原神州遍，
二十八载梦成真。

①嘉兴南湖位于浙江省嘉兴市内。中国共产党“一大”会议在南湖一条游船上闭幕。

画堂春

乌镇[1]行

梦里望见几回回，
怎教销魂相处。
白墙黛瓦石板路，
游人无数。

灯火阑珊桥边，
醉眼朦胧听书。
提灯走桥蚕辛苦，
心头祝福。

①乌镇位于浙江省桐乡市内，素有“中国最后的枕水人家”之称，是典型的江南水乡。

卜算子

西塘古镇[1]

千米烟雨廊，
百条弄连房。
小桥流水乌篷船，
伴雨闻茶香。

赈灾救饥民，
护国随粮王。
西园南社声名远，
版画源流长。

①西塘古镇位于浙江省嘉兴市嘉善县境内，是中国首批历史文化名镇。

鹊桥仙

南浔古镇[①]

临河百间，河道蜿蜒。
骑楼石桥相连。
辑里湖丝蕴精华，
史悠久，名扬身远。

莲池曲桥，黛瓦粉墙。
钦若嘉业万卷。
名利淡泊懿德堂，
侠骨赤，全无卑亢。

①南浔古镇位于浙江省湖州市南浔区，为江南蚕丝名镇。

浣溪沙

之江大学旧址[①]

钱塘江畔潮起涌，
秦望山上草木浓。
拙朴典雅中西融。

百年校园深底蕴，
襄赞教育有奇功。
开放包容驻心中。

①之江大学旧址位于浙江省杭州市区内，现为浙江大学之江校区。

卜算子

净慈禅寺[①]

慧日峰茂密，
琉璃瓦金黄。
西子湖畔明媚景，
南屏钟悠长。

两寿师德昭，
大小本弘扬。
古今帝王多加持，
千年香火旺。

①净慈禅寺位于浙江省杭州市内，为西湖历史上四大古刹之一。

卜算子

上巳节[1]

暮春花生树，
群莺乱飞舞。
秋千踘蹴共嬉戏，
男女择偶处。

祝福赠香草，
沐浴病害除。
曲水流觞好惬意，
古人多诗赋。

①上巳节，俗称三月三，是中国民间纪念黄帝的节日。

卜算子

西溪湿地[①]

寂静小溪水，
低矮大石墩。
植被茂密架高桥，
天公作美云。

小桥当T台，
院门充道具。
随性自然摆POS，
美人弄风韵。

①西溪湿地位于浙江省杭州市区西部，是中国第一个集城市湿地、农耕湿地、文化湿地于一体的国家级湿地公园。

临江仙

拜孔氏南宗家庙[1]

翠绿丛中大成殿，
先师肃穆庄严。
廊庑陪祀十二贤。
慰藉思鲁阁，
传经博士间。

背负圣像南渡衢，
屈辱艰辛生活。
三迁三建延族祚。
沧桑两千五，
一脉传中国。

①孔氏南宗家庙位于浙江省衢州市内，为中国仅有的两座孔氏家庙之一，素称“南宗”。

— 八闽山水 —

卜算子

古田会议会址[1]

两张八仙桌，
几排长条凳。
标语张贴廊柱上，
临时充会场。

深冬冷衣衫，
争论热敞亮。
明辨是非识本质，
从此定方向。

①古田会议会址位于福建省龙岩市上杭县境内。1929年12月，毛泽东主持的红四军第九次代表大会在此召开，通过了具有历史意义的古田会议决议案。

卜算子

清源山[①]

泉水石孔出，
不绝流细清。
虹雨千层吹不断，
万斛涌亮明。

山谷树木翠，
天湖一水静。
历经沧桑老君像，
永远道德经。

①清源山位于福建省泉州市境内，以36洞天、18胜景闻名于世。

浪淘沙

泉州开元寺[①]

桑树长莲花，
守诺无疑。
捐地修建开元寺。
甘露戒坛祈甘露，
民众欢喜。

紫云衬祥光，
飞天乐伎。
百柱宝殿了不起。
弘一大师悟禅意，
悲欣交集。

①开元寺位于福建省泉州市区内，是中国东南沿海重要的文物古迹，也是福建省规模最大的佛教寺院。

画堂春

永定土楼[1]

御外凝内共存荣，
东方堡垒无敌。
百年风雨今犹在，
建筑奇迹。

傍溪依山八卦，
天圆地方合一。
环环相套楼中楼，
外高内低。

①永定土楼位于福建省龙岩市永定区境内。由永定、南靖、华安三县“六群四楼”共46座土楼组成的福建土楼，被列入世界文化遗产。

画堂春

嵩口古镇[①]

戴云山下溪流汇，
冬暖夏凉树多。
物产丰富育万民，
柑橘李果。

虎尊母拳精髓，
流传欧美扶桑。
陈埔纸狮自娱乐，
意在吉祥。

①嵩口古镇位于福建省福州市永泰县境内，是福州市唯一中国历史文化名镇。

踏莎行

南普陀寺[1]

面海依山，庄严气势。
五老峰下屹千年。
三世尊佛布慈悲，
观音菩萨民众念。

历经战乱，难追往事。
闽南信众献力最。
施琅复建添功德，
妙湛重整禅林翠。

①南普陀寺位于福建省厦门市区内，因供奉观世音菩萨，与浙江普陀山观音道场类似，又在普陀山以南，得名南普陀寺。

— 赣北流连 —

踏莎行·中国陶瓷博物馆

生查子·浮梁古县衙

踏莎行

中国陶瓷博物馆[①]

剔透玲珑，拉坯耍艺。
水车运转向未来。
昌南湖畔展雄姿，
千年制陶仍精彩。

影青卵白，青花粉彩。
碗盘杯碟全靠坯。
精湛技艺出巧思，
璀璨天工耀后世。

①中国陶瓷博物馆位于江西省景德镇市内，是中国第一家陶瓷专题博物馆。

生查子

浮梁古县衙[1]

三百瓷砖廊，
述说沧桑事。
烟雨罩红塔，
昌江展雄姿。

浮梁茶，景德瓷。
远销欧陆地。
繁华一江南，
供养半朝吏。

①浮梁古县衙位于江西省景德镇市浮梁县境内，为全国重点文物保护单位。

— 齐鲁情未了 —

鹧鸪天

崂　山①

海色山光连碧天，
巨峰旭照幻景现。
太清水月玉壶境，
云洞蟠松绿荫冉。

廉夫庵，奉三官。
处机获封全真传。
东海名山千年教，
遍布神州更绚烂。

①崂山地处山东省青岛市境内，为中国海岸线第一高峰，有“海上第一名山”之称。

画堂春

八大关[1]

碧桃粉红花如带，
紫薇盛开仙境。
霜染枫叶添色美，
雪松常青。

花丛红瓦白墙，
万国建筑相连。
百年沧桑依旧物，
换了人间。

①八大关位于山东省青岛市区内，为中国著名风景区。

卜算子

趵突泉[①]

几股泉喷涌，
弥漫水烟雾。
云蒸雾润水不注，
波涛声震湖。

清澈又甘洌，
饮者皆灿烂。
历代名家题咏多，
经典永流传。

①趵突泉位于山东省济南市内，为济南市七十二名泉之冠。

— 津门遐思 —

浣溪沙·周恩来邓颖超纪念馆

画堂春·南开大学进修有感

浪淘沙·张伯苓

画堂春·五大道

卜算子·杨柳青年画

浣溪沙

周恩来邓颖超纪念馆[①]

少年立志信仰坚，
倥偬一生为国忙。
当代诸葛节风亮。

魅力人格德高尚，
伉俪情深无奢望。
千古美名众敬仰。

①周恩来邓颖超纪念馆位于天津市区内，为全国爱国主义教育示范基地。

画堂春

南开大学进修有感

渤海之滨白河畔，
兴办教育振邦。
文理并进图自强，
报效疆场。

历经百年兴旺，
贵精贵质厚重。
双创一流攀高峰，
乐群能公。

浪淘沙

张伯苓[1]

少年鸿鹄志，
航海投身。
甲午海战惜未成。
满怀激情返师愤，
报国无门。

蹊径另开辟，
育人救国。
倾尽全力献终生。
桃李芬芳神州满，
允公允能。

①张伯苓是中国现代职业教育家，私立南开系列学校创办者。

画堂春

五大道[①]

前朝遗老军政要，
富贾巨商云集。
社会贤达蜂拥至，
一时盛名。

携来同伴品味，
多少故事心铭。
百年岁月津地标，
历久弥新。

①五大道位于天津市中心城区，是中国迄今保存最为完整的洋楼建筑群。

卜算子

杨柳青年画①

家家会点染，
户户善丹青。
工艺精湛题材广，
过年处处新。

源于明朝初，
兴盛整个清。
六百年来未间断，
国宝当代兴。

①杨柳青年画属于木版绘制品，是中国著名的民间木版年画之一，与苏州桃花坞年画并称“南桃北柳”。

— 内蒙访古 —

踏莎行

昭君博物院[①]随想

朔风怒号，飞沙走石。
琵琶一曲风雪止。
彩霞横空天上出，
冰雪消融草原地。

牛羊成群，木车铁犁。
五彩祥云罩青冢。
胡汉和亲千秋功，
民族融合丰碑耸。

①昭君博物院位于内蒙古自治区呼和浩特市南郊，由王昭君墓及其一系列纪念建筑设施组成。

破阵子

将军衙署[1]

影壁高大恢宏，
石狮肃穆威武。
三进院落宽布局，
两百春秋未变屋。
漠南第一府。

屏藩朔漠重地，
官兵献身屯戍。
大义申明割旧情，
向往光明免炭涂。
英名垂千古。

①将军衙署位于内蒙古自治区呼和浩特市内，是清朝绥远将军的办公衙门。

减字木兰花

大昭寺[①]

银佛肃穆，
四百春秋慈悲故。
双龙对翔，
形神兼备气势壮。

壁画精美，
历经风雨艳丽佩。
泉水涌出，
性轻味甘润人畜。

①大昭寺位于内蒙古自治区呼和浩特市内，是藏传佛教寺院。

画堂春

额济纳胡杨林[1]

秋风飒爽胡雁高，
一片灿烂金黄。
枝繁叶茂催梦想，
清溪流淌。

漫漫黄沙相伴，
茫茫戈壁驻防。
古道徜徉沙漠舟，
倾诉衷肠。

①额济纳胡杨林地处内蒙古自治区最西端。

— 豫北忆旧 —

五律

游红旗渠[①]

天下南太行，
峻峭好风光。
鸡鸣三省闻，
命悬一线天。
身登步云桥，
心潮渐高昂。
水渠绕沟壑，
日月换新装。

①红旗渠位于河南省林州市境内，是20世纪60年代林县人民在极其艰难的条件下，从太行山腰修建引漳入林的水利工程，被誉为“世界第八大奇迹”。

七律

游云台山[①]

云台内外满眼绿，
太行深处南端里。
崖壁赤赤巍然屹，
碧水盈盈秀丽景。
王维修行茱萸顶，
思邈济人药王情。
圣水泽润古今命，
何必再分豫和晋。

①云台山位于河南省焦作市修武县境内，为国家级风景名胜区。

— 京都情思 —

卜算子

燕园秋景

海棠果熟透，
银杏树金黄。
杨柳落叶翩飞舞，
湖水墨绿凉。

云淡雁南归，
白墙间红窗。
萧瑟秋风今又是，
物旧人沧桑。

七律

北大进修感怀

燕园别离三十年，
做伴青春复入园。
未名湖畔重温事，
博雅塔下故人还。
司徒筑基未留烟，
蔡公励治有新篇。
双创一流闻名世，
百年血脉德赛传。

七绝

京都秋景

一场秋雨一场凉，
满城杨柳树金黄。
水润万物清新气，
人添新知心不慌。

人生篇

蝶恋花

叹岁月

一觉醒来鬓染霜，
岁月蹉跎，回首心惆怅。
年少轻狂劲刚过，
四肢无力身飘荡。

善解包容格局宏，
砥砺前行，人生道宽广。
光阴含笑时时惜，
流年静好处处赏。

卜算子

咏读书

文字驻心间，
茶香紫砂壶。
拂面春风雨中莲，
雪落梅花路。

胸中有山水，
丹青留白处。
岁月沉淀养容颜，
不枉寂寞苦。

画堂春

读史感怀

自古兴亡周期律，
多少王朝更替。
一短一长前车鉴，
后事之师。

甲子干支轮替，
人间治理难题。
民主法治乃真谛，
贵在坚持。

临江仙

修行随想

心中拥有桃花源，
善良无欲执念。
处处皆是水云间。
田园日梦想，
陶令现南山。

少点虚荣多恬淡，
且容万物如川。
荣辱进退仍转圜。
生活不宁静，
人生难达观。

画堂春

陈景润[1]事迹感怀

荒唐岁月荒唐事，
钻研数学有错。
科技精英受摈斥，
品尝苦果。

幸遇慧眼珍珠，
力排非议重用。
开启崇学新天空，
前景无穷。

①陈景润，中国科学院院士、著名数学家。

清平乐

故乡河

岁月如梭，
小河静流淌。
树林草丛伴绿洲，
避风遮雨乘凉。

漂泊何时何方，
情深呼唤心房。
拨动琴弦几许，
温柔溢满流光。

鹧鸪天

祁连山[1]生态破坏追责感怀

你是风儿我是沙，
沙伴风儿走天涯。
风沙飞舞连天横，
行人迷路车在爬。

发展快，求政绩。
环境破坏连根拔。
生态建设亟须抓，
追责问责从严查。

①祁连山地处青海省东北部与甘肃省西部边境，是中国境内主要山脉之一。

蝶恋花

清明节[①]

奉君割肉表丹心，
报恩绵山，母子化为云。
寒食哀思寄托情，
感恩敬重有清明。

天朗气清好踏青，
惠风赏春，南北共欢庆。
慎终追远祭鬼雄，
感悟生命砥砺行。

①清明节在历史发展中融合了寒食节的禁火、冷食习俗。传说寒食节是在春秋时代为纪念晋国忠义之臣介子推而设立的节日。

浣溪沙

端午节[1]

高冠著艾享粽包，
点丹羸躯方储药。
龙舟竞渡红旗高。

正气充盈天地间，
爱国担当身殉道。
天问九歌有离骚。

①端午节本是南方先民创立用于拜祭龙祖、祈福避邪的节日。因传说诗人屈原在五月初五跳汨罗江自尽，人们亦将端午节作为纪念屈原的节日。

采桑子

重阳节[1]

岁岁重阳今又是，
门迎笑脸。
爱无分别，
真情撒遍敬老院。

年年登高祝福寿，
孝敬首善。
老人康安，
家家和睦幸福源。

①重阳节为每年农历九月初九。九数在《易经》中为阳数，九九两阳数相重，故曰重阳。古人认为九九重阳是吉祥日子，在民间有登高祈福、秋游赏菊、佩插茱萸、拜神祭祖等习俗。传承至今，添加了敬老等内涵。登高赏秋、感恩敬老是当今重阳节活动的两大主题。

临江仙

中秋节[1]

暑热难熬风送爽，
三秋恰半渐凉。
夕月岸边潮水长。
银蟾皎洁夜，
丹桂又飘香。

登高临轩共赏月，
酌酒吟诗宴欢。
家家户户盼团圆。
时转事变迁，
离别几人还。

①中秋节是秋季时令习俗的综合，以月之圆兆人之团圆，为寄托思念故乡、思念亲人，祈盼丰收、幸福，成为丰富多彩、弥足珍贵的文化遗产。

调笑令

感恩节[1]有感

感恩，
感恩，
世间一切无恨。
相遇来自缘分，
相知全靠真诚。
珍惜，
珍惜，
包容大爱理真。

①感恩节为每年11月第4个周四，是美国和加拿大共有的节日，为感谢上天赐予的好收成，感谢印第安人的帮助。

画堂春

父亲节[1]随想

又到一年父亲节，
慈祥脸庞浮现。
目送背影默祝安，
深情饱含。

夕阳西下宽肩，
倾听包容无怨。
遮风挡雨像大树，
爱在心间。

①父亲节是每年6月的第三个星期日，为感恩父亲。起源于美国，现广泛流传于世界各地。

卜算子

妇女节[①]随想

似花温柔魂，
如诗韵味长。
宁静心肺唇齿间，
苦涩荡气漾。

释怀母性慈，
孕育生命旺。
剑胆琴心花绽放，
玉指舞霓裳。

①妇女节是每年3月8日，为庆祝妇女在经济、政治和社会等领域作出的重要贡献和取得的巨大成就而设立的节日。

卜算子

咏　茶

阴阳藏风云，
天地蕴全身。
日月精华育灵魂，
草木衍命根。

风霜拍枝叶，
雨露皆养分。
芸芸众生日日饮，
古今最忠诚。

七绝

人生感怀

万里归来仍年少，
人生总是情未了。
丹心一片深情寄，
留待后人再闲聊。

七绝

生活感怀

男女诗酒自古有，
人间烟火不知愁。
风花雪月君莫笑，
沧桑有道度春秋。

七古

祭祖感怀

秋雨沥沥浥轻尘，
亲属凄凄祭先人。
聚少离多身劳累，
根同枝杈情本真。
性格各异路自分，
血浓于水众志城。
世事匆匆任浮沉，
道是无情却有情。

西江月

苦　夏

房外热浪滚滚，
屋内桑拿洗澡。
大街小巷车乱跑，
上班经商烦恼。

热岛效应未减，
偏遇百年温高。
人间困苦看今朝，
埋怨发怒无效。

江城子

汶川大地震十周年祭

山崩地裂天无光。
房倒塌，树枯黄。
堰塞成湖，塌裂路改行。
生死瞬间两茫茫，
母离子，妻失郎。

一方有难八方帮。
北鲁晋，南湖广。
东部诸省，援建没商量。
倾力十载换新装，
城变靓，人安康。

卜算子

观《邹碧华》有感[1]

赣北一书生，
燕园学无恙。
欣逢盛世抒情怀，
施展才华畅。

庭前独角兽，
秉公志不丧。
司改探索燃灯者，
勤奋无奢望。

①邹碧华为上海市高级人民法院副院长、高级法官，为笔者北大法学院师弟。

浪淘沙

观《芳华》感怀[1]

山水共作证，
青春年华。
品行熔炼军营花。
铅华洗尽显真容，
岁月牵挂。

千里独自行，
何必相守。
路远心通终有果。
修炼旅途无真假，
步步践诺。

①电影《芳华》根据严歌苓同名小说改编，讲述了在充满理想和激情的军队文工团，一群正值芳华的青春少年，经历着成长中的爱情萌发与充斥着变数的人生命运故事。

行香子

观《我不是药神》[1]

刚离了婚，又遭人嘲。
至亲病，内外潦倒。
走险困兽，代购仿药。
逢春高照，发洋财，收手了。

天良无泯，冯妇[2]重操。
救病人，贴钱卖药。
取义舍身，救赎魂灵。
自我修炼，有丑陋，有崇高。

①电影《我不是药神》讲述了神油店老板从一个交不起房租的保健品商贩，一跃成为印度仿制药独家代理商的故事。

②冯妇，战国晋国人，见《孟子·尽心下》。

浪淘沙

赠《法院在线》[1]栏目

通俗又易懂，
生动课堂。
法治理念待弘扬。
引领示范燃灯者，
展现橱窗。

秉公伸正义，
辩法析理。
审判风采现荧屏。
善施教化重践行，
贵在坚持。

①《法院在线》是晋城电视台宣传法院工作的一个栏目。

如梦令

读《万历十五年》[1]有感

色声香味触法。
细枝末节琐事。
升平景象里，
孕育诱因历史。
细微，
细微，
却知帝国命运。

①《万历十五年》是黄仁宇撰写的明史研究专著，用近乎平淡的笔触分析明朝从兴盛走向衰颓的原因。

青玉案

炒股感怀

奥运东风怀憧憬。
先跌停，后跌停。
跌跌不休几时停。
偶尔飘红，
挖下深坑，
耐心等你进。

十年辛酸炒股路。
离奇冷清又荒芜。
挨宰亏本无人诉。
默默落泪，
静静守候，
何日现光曙？

临江仙

中美贸易战感怀

贸易顺差惹争端，
恐吓加税无边。
十余回合紧相连。
穿梭洋两岸，
无果费一年。

经济紧密同一村，
和睦夫妻互利。
合作共赢众受益。
争吵皆受害，
谅让握时机。

鹧鸪天

观《无问西东》[①]

百年清华育栋梁，
四代芳华为国忙。
富家子弟捐身躯，
贫寒学生立志向。

世间乱，美善真。
盛世更弘正能量。
立德立言不论世，
无问西东光焰长。

①电影《无问西东》讲述了出自清华大学的四个不同时代的学子，对青春满怀期待，因为时代变迁，在矛盾与挣扎中一路前行，找到真实自我的故事。

五绝

生日感怀

昨夜喝醉否？
今晨仍是我。
兄弟情谊浓，
此生岂能薄！

五古

读《先文学后法律》感怀

心随长风去，
吹散万里云。
法从情理来，
难解纷争群。
文学触灵魂，
法律不是君。
灵魂需净化，
呐喊靠震云。

五古

国庆假期感怀

休闲七天假，
何处不相同。
偶尔睹电视，
满屏一片红。
无聊浏览书，
心神不集中。
时常刷微信，
人生唯此同。

临江仙

无　题

漫漫长夜难入眠，
心灵何处安放。
谁人当面抚创伤。
寂寞空虚冷，
孤独歌彷徨。

前路荒芜人策马，
沐浴蓝天云光。
苟且偷安聊远方。
醉卧听风雨，
甜蜜还梦乡。

蝶恋花

叶嘉莹[1]事迹感怀

九旬捐赠身家当，
七十余载，桃李自成蹊。
岁月从不败美人，
迦陵学舍诉衷情。

一生漂泊半世辛，
优雅知性，长存赤子心。
万里归国招诗魂，
至诚大爱道我行。

①叶嘉莹是中国古典文学研究专家，中华诗词学会名誉会长。

虞美人

丁大卫[1]事迹感怀

东渡万里凭信仰，
甘当苦行僧。
西北寒风骨肉冷，
一腔热血洒向稚嫩生。

清贫朴素炼灵魂，
捐赠纷飞扬。
东乡[2]支教二十年，
大爱无疆何分东西方。

①丁大卫是一个把毕生精力无私奉献给中国教育事业的美国人。
②东乡指甘肃省临夏回族自治州东乡族自治县，是一个贫困县。

七绝

母亲节有感

十月怀胎一朝娩，
谁知疼痛日日煎，
孕育生命养忙碌，
丝尽身老如春蚕。

七绝

参加外甥婚礼

十年携手结连理，
一朝成婚变伉俪，
互敬互爱相扶助，
人生共度美好情。

扶贫篇

临江仙

扶贫感怀

暑往寒来颠簸路，
山高坡陡风疾。
河水凛冽堤坝伫。
牛羊忙拥簇，
杨柳露脊骨。

上学看病有房住，
访贫入户修路。
建档立卡清底数。
房外寒风瑟，
屋内笑声故。

鹧鸪天

浑源[1]乡景

蓝天长风万里云，
五峰山下牛成群。
苍翠千山风叶转，
路灯几盏狗逡巡。

车行道，尘飞扬，
人过小溪微风熏。
残瓦断壁青壮去，
扶贫力建新乡村。

①浑源县是山西省大同市下辖的一个县。

减字木兰花

大仁庄乡[1]

满目苍翠，
扇叶高山随风追。
深邃天空，
白云飘过牛群中。

路上行人，
车过扬起满身尘。
断壁残瓦，
青壮年去剩几娃？

①大仁庄是浑源县下辖的一个乡。

画堂春

黄土坡村[1]

寒风塞外脸生疼，
积雪月余未消。
冰封河水羊肠道，
天空无鸟。

新屋旧房转换，
家家户户欢笑。
驴舍亮眼静啃草，
小康有保。

①黄土坡村是大仁庄乡下辖的一个村。

诉衷情

与大仁庄小学师生座谈

恒山深处有书堂，
晨暮诵朗朗。
清贫耕读相伴，
文化更流长。

天真眼，
稚嫩腔，
朴素装。
当年身影，
苦读寒窗，
亲切难忘。

画堂春

无　题

粗声恶语吓队员，
威风凶煞黑面。
天天入村督查严，
留痕连连。

几十贫户百案，
季节收入精全。
熬夜伤神控数据，
档卡绵延。

抗疫篇

江城子

除夕夜[1]感怀

冠状病毒来袭猛，
人传人，蔓延急。
大街小巷，车马行人稀。
传入体内少药治，
手套空，口罩紧。

虹桥寒夜又出征，
别父母，抛儿妻。
千里驰援，只为同胞情。
大爱无疆有逆行，
驱病魔，救生灵。

①除夕夜，解放军军医奉命在上海虹桥机场集结出征武汉，抗击疫情。

临江仙

赞钟南山[1]院士

义无反顾冲在前，
每有疫情必现。
万马齐喑独真言。
生死置度外，
功名何须看。

饱经磨难无怨言，
英伦求学惊人。
悬梁苦读始得真。
高薪留不住，
无悔报国恩。

①钟南山是中国工程院院士、著名呼吸病学专家、抗击新冠肺炎的领军人物。

鹧鸪天

赞李兰娟[1]院士

刚毅果敢农家妹，
幸遇伯乐入学门。
悬梁苦读光始现，
弃教从医救苍生。

心存爱，行至诚，
一路开挂梦成真。
国有危难冲在前，
何惧生死报国恩。

①李兰娟是中国工程院院士、著名感染病学专家、中国人工肝技术开拓者。

踏莎行

防疫标语随想

今天走动，明天不动。
疫情蔓延莫前冲。
扎紧口罩勤洗手，
闲来无恙望星空。

手不离机，机不离手。
时常刷屏蹙眉头。
宅家思念不聚会，
远方亲友分国忧。

卜算子

有感卫健委主任被免

一问三不知，
丢人害自己。
督查有力网民骂，
舆情监督急。

法学深背景，
掌舵黄卫医。
胡乱用人已埋祸，
奈何怎治理？

行香子

疫情防治感怀

来势凶猛，疫情蔓延。
封江城，深更夜半。
扶老携幼，择路移转。
在高速路、码头边、火车站。

隔离治疗，抗疫攻坚。
分三级，举措关键。
医院方舱，党校酒店。
看火神山、雷神山、钟南山。

定风波

抗疫阻击战

万巷空寂舟车停，
家家闭户刷手机。
扎紧口罩勤洗手，
惶恐？
染上毒疫治不及。

不死龙魂风雪立，
坚韧，
天使逆行鏖战急。
民众献物捐资忙，
勠力，
山川异域岂无衣？

友情篇

浪淘沙

高中同学相聚

岁月布满脸，
两鬓斑白。
步履沉稳有情怀。
坚毅厚重谈笑间，
依旧风采。

卅年前同窗，
少年纯真。
半百春秋路雨风。
历经沧桑心芷水，
淡看人生。

七绝

大学同学相聚

万里相聚晋祠边，
举杯畅饮五月天。
初心不改舒满怀，
难忘同学三十年。

浪淘沙

珠海同学聚会

草木密岭南，
海水湛蓝。
深秋校园短袖穿。
师生互动天佑楼，
相聚甚欢。

青春无错对，
往事难追。
路途殊异人同归。
暮雨霜风洒江天，
白首无悔。

临江仙

研究生同学聚会

法大别离十余载，
金秋重逢甚欢。
青葱岁月方恨少。
白驹如过隙，
不觉知命年。

蓟门桥边真心恋，
校园读书正憨。
献身法治心一片。
白首终无悔，
青春可鉴天。

相见欢

师生重逢

绿荫六月河东，
动车中。
万里归来践行诺言重。

鹳雀楼，
莺莺塔，
五老峰。
三十七年笑语欢乐浓。

临江仙

赠梁慧星[1]老师

博闻强识精通法，
夙兴夜寐钻研。
淡泊明志五十年。
著作已等身，
闻名海内外。

风趣幽默人和蔼，
卖房捐书建馆。
伉俪情深成秘典。
诗文娱闲暇，
理法间笑谈。

①梁慧星是中国社会科学院学部委员、法学研究所研究员、中国著名民法学家。

卜算子

赠崔军[1]同学

京城一书生，
燕园求学美。
援建工程惠民众，
足迹欧亚非。

奔波三十载，
法律维权累。
笔耕不辍出书多，
助力后人飞。

①崔军是国际工程专家、北京海外君合工程管理咨询有限公司董事长。

虞美人

参加蜀葵朗诵会

春寒料峭丽华苑，
倾诉气氛浓。
字正音准意切切，
声脆腔美精彩绽放中。

志趣相投聚拢起，
感受同分享。
闲暇聆听名师课，
愉悦开怀修身强素养。

卜算子

贺克战[1]同学荣获山西首届好医生

少年立壮志，
悬壶济世人。
三十多载风雨路，
鞠躬为苍生。

东渡扶桑苦，
救命不避震。
杏林誉满并州城，
正果终炼成。

①刘克战为山西省儿童医院主任医师。

虞美人

贺泰和泰太原办成立

万圣节后万国聚，
美女会帅哥。
共商发展与合作，
服务法治不分少与多。

八方同仁热潮起，
心情促风貌。
男女搭配结构好，
同心协力只争夕与朝。

浪淘沙

赠宝明师傅

卦山一书生，
九华修行。
发心宏愿证菩提。
宸流护持华严寺，
远近闻名。

室雅茶一杯，
翰墨温馨。
豁达乐观风气清。
地狱未空不成佛，
人生度尽。

七绝

初识如一师兄

万米高空与君识，
一席交谈话投机。
心善睿智多才具，
阅尽人间是传奇。

七绝

赠韩锡璋[①]总编

法律布道十余年，
个中酸苦几时甜。
最是情怀动人心，
至诚大我昭世间。

①韩锡璋是山西市场导报总编辑，热爱新闻事业，喜好诗词歌赋。

七绝

赠友人

相见如故有缘分，
原是道中同路生。
服务民众皆吾愿，
献身法治何须曾。

七绝

参加朗诵会

夕阳西下聚悠传，
研磨咖啡技艺展。
姐妹交流笑声朗，
品读雨巷情怀满。

五绝

国外同学远道而归

五月好风景，
姐妹笑脸迎。
兄弟一朵花，
心中多少情。

怀念篇

蝶恋花

悼丁石孙[1]老校长

少存奇志追光明，
北上求学，燕园度年轮。
风姿俊雅颀长身，
高洁如玉谦谦君。

苦难磨尽甘甜浓，
执掌黉宫，勇创改革风。
兼容并包激发心，
一流大学有其功。

①丁石孙曾任北京大学校长、中国民主同盟中央委员会主席、全国人大常委会副委员长。

蝶恋花

悼罗豪才[1]老师

生逢乱世长南洋，
受尽屈辱，万里圆归梦。
燕园治学潜心炼，
新论平衡独树强。

致力为公侨务忙，
倾心维权，中外多交往。
豪情软法赤子魂，
才学治国众景仰。

①罗豪才为北京大学法学院教授、中国现代行政法学开拓者，曾任中国致公党主席、全国政协副主席。

蝶恋花

悼王家福[1]先生

负笈出川怀心赤，
师苏苦读，炼就真本领。
理性论战清思路，
法学繁荣业未竟。

民法通则起草艰，
两次讲座，理念细润浸。
风动九霄传真艺，
奖掖后学藏大计。

①王家福为中国社会科学院学部委员、法学研究所终身研究员。

蝶恋花

悼何秉松[1]老师

身羸体衰青松健，
聪慧才智，名校法学研。
俨然温厉三代人，
耕耘杏坛七十年。

法人犯罪谱新篇，
自筹资金，承办大论坛。
无欲淡泊求学问，
正直优雅自尊严。

①何秉松为中国政法大学教授、博士生导师，中国特色刑法理论体系的创新者。

清平乐

悼余光中

乡愁一曲，
泪满沾两岸。
驰骋文坛五十年，
学贯四度惊艳。

崇尚自然随意，
追求神韵精致。
家国情怀铭记，
汉语弘扬大师。

蝶恋花

悼木心①先生

出身豪门爱书酷，
莫干山上，独居不觉苦。
杭州城内淀功底，
上海滩外攻美术。

“文革”狱中心未死，
残缺手指，创作忙碌故。
著作等身不失身，
闻名海外一贵族。

①木心为中国当代作家、画家。

蝶恋花

悼林清玄[①]

天资聪颖加勤勉，
而立年纪，文学奖获遍。
身心安顿成畅销，
菩提系列映光焰。

简朴清新多恬淡，
智慧美学，融入佛意禅。
清明文章抵内心，
玄妙声音世间撼。

①林清玄为中国台湾当代作家、散文家。

定风波

纪念黄仁宇[1]百年诞辰

废学从军报国恩，
缅北战场躲一劫。
死里逃生仍从容，
坚毅，
清白自证留人间。

远渡重洋研历史，
辛苦，
弃武从文探真知。
历经风雨永无悔，
难得，
终成正果昭后世。

①黄仁宇为美籍华人，研究中国明史的著名历史学家。

蝶恋花

祭杨绛[1]

出生望族又多才，
邂逅名校，浪漫结伉俪。
欧陆游学事浩渺，
烽火时节倾心迹。

学贯中西复西中，
相濡相呴，围城不逃离。
优雅从容无争世，
当今圣人可成已？

①杨绛为中国当代女作家、文学翻译家，钱钟书的夫人。

蝶恋花

悼褚时健[1]

少时丧父艰不尽，
辍学烤烟，共撑大家庭。
农场改造气不馁，
糖厂生产扭亏盈。

风行雷厉企业兴，
红塔壮大，家国富税利。
晚年失女志不垮，
从头创业赢崇敬。

①褚时健为中国烟草大王、中国橙王。

蝶恋花

祭陈寅恪[①]大师

才高八斗人勤奋，
博古通今，竟无一学位。
治史大家解隋唐，
坚守气节拒日伪。

唱和赋诗光玉露，
流离南北，生死不孤独。
万里求索成绝学，
为人真诚最风度。

①陈寅恪为中国历史学家、古典文学研究家、语言学家、诗人。

蝶恋花

悼流沙河[①]

六载锯木六载钉，
监管劳役，前后二十年。
草木不忘有诗情，
故园九咏乐苦难。

列车偶遇一蟋蟀，
星星点灯，照亮光中梦。
庄子闲吹多逍遥，
巴蜀英才映大同。

①流沙河为中国现代诗人、作家、学者、书法家。

蝶恋花

悼金庸

世家书香少聪颖，
苦练勤学，奠定厚功底。
笔锋犀利砭时弊，
秉公疾呼抒胸臆。

武侠江湖多奇绝，
道尽世间，誉满华人圈。
耄耋年纪赴英伦，
笑问大师了心愿？

蝶恋花

悼李咏[1]

父母援疆子不坦，
历经风雨，求学北广院。
勤工俭学炼技艺，
爱神眷顾伉俪贤。

借鉴他方五十二，
突发奇想，六一砸金蛋。
永失我爱葬异乡，
魂归故里再欢颜。

①李咏为中国中央电视台节目主持人。

蝶恋花

格拉蒂丝事迹感怀[1]

万里传教真信仰，
太行深处，收留百孤童。
启蒙愚昧女放足，
救死扶伤不分众。

七十春秋尘封久，
无知偏见，总被世人戏。
人间洒爱无远近，
灵魂修炼有高低。

①格拉蒂丝·艾伟德为英国传教士，其收养100多名中国孤儿躲避战乱，护送到西安的故事，感动无数人。事迹被英国记者写成《小妇人》，改编成电影，影响一代人。

踏莎行

叹梅贻琦[1]

寡言慎语，一代斯文。
行事低调人不腆。
衡平八方真才能，
忍辱办学人人念。

聚拢三校，春城红地。
蜡炬成灰倾心迹。
毕生致力两清华，
夕餐秋菊谁不识？

①梅贻琦为清华大学永远的校长，曾任西南联大校长，为中国教育事业作出巨大贡献。

临江仙

叹王宠惠[1]

少年聪颖倍勤奋，
首获钦字考凭。
游学欧美法律精。
潜心译功令，
神州鹊声名。

刑民编订立法统，
兼采中西先进。
开罗会议争权益。
樽俎怒折冲，
史册定彪炳。

①王宠惠为中华民国时期著名法学家、政治家、外交家。

七绝

悼念杨敦先[1]老师

江浙才俊入北大，
六十二载恋刑法。
著述丰硕闻名远，
桃李成蹊遍天下。

①杨敦先是北京大学法学院教授、著名刑法学家。

怀古篇

定风波

张良[1]赞

国破家亡年弱冠，
家财散尽义志揽。
刺秦一锥报大仇，
勇猛，
宇宙生色惊动天。

辅佐高祖创霸业，
拿起，
楚汉相争奇功建。
功成身退远是非，
放下，
四海云游一神仙。

①张良为西汉时期开国功臣、政治家。

菩萨蛮

咏怀王昌龄①

危苦贫贱早当家，
耕读著书南窗下。
匹马戍河陇，
吟唱兵刀锋。

边塞入诗中，
悲怨残血浓。
开怼真本性，
玉壶盛冰心。

①王昌龄为唐朝著名诗人。

鹧鸪天

咏怀张九龄[1]

弱岁寒读遍群史，
直言不讳议政事。
劝解名相仕不爽，
岭南筑路恩惠民。

御史谏，半路亡。
容身保位舌未鸣。
墓前祭奠悔已晚，
早纳箴言乱世离。

①张九龄为唐朝政治家、文学家、诗人，为开元盛世贡献良多。

郭嵩焘[1]事迹感怀

受命临危赴英伦，
为国任此艰难。
使西纪程录闻见，
国士睁眼。

装睡总欺梦醒，
沉睡夜郎无知。
清朝余孽今犹在，
辫子唱戏。

①郭嵩焘为清朝湘军创建者之一、首位驻外使节。

虞美人

叹胡林翼[①]

负才不羁挥金土，
歌舞夜三更。
丁忧蛰居幡然悟，
克己修炼成就一贤人。

短衣芒鞋治乱寇，
书就兵法门。
身心竭力辅湘勇，
英年早逝遗恨愿未成。

①胡林翼为晚清中兴名臣之一、湘军重要将领。

临江仙

马相伯[1]事迹感怀

聪颖勤奋一奇才，
熟稔七国文字。
经纶满腹无处施。
委身李中堂，
尽力落恶名。

卖田捐资报国恩，
年迈始育精英。
割肉噬虎佛陀心。
震旦又复旦，
告慰母亡灵。

①马相伯为中国近代著名教育家、复旦大学等多所学校创始人。

后 记

历经半年时间的编辑，排版等流程，拙作《林音词韵》终于要面世了。滴水之恩当涌泉相报。感谢伴我一路走来的人们！共同经历风霜雨雪，共同体验世态炎凉，一起分享欢乐幸福，一起承受痛苦悲伤。是你们给了我创作灵感，是你们给了我坚强生活的勇气和力量。唯有衷心感谢，感恩，唯有祈祝如意吉祥！

特别感谢山西省高级人民法院原院长、著名诗人李玉臻先生，山西市场导报总编辑韩锡璋先生，北岳文艺出版社总编辑古卫红先生，山西法制报法院专刊部主任焦占伟先生，特别感谢为本书付出辛勤劳动的编辑高海霞女士。

最后感谢默默支持我的亲爱家人们！

庚子孟冬